Tacto Bueno Tacto Malo

¡Hola padres! ¡Leed este libro con vuestros niños!

No todos los tactos son buenos, tened cuidado!

LIBRO DE SEGURIDAD PARA NIÑOS

Robert Kahn

con ilustraciones de Lynda Farrington Wilson

El libro de Bobby y Mandee, Tacto Bueno, Tacto Malo

Todos los derechos de comercialización y publicación están garantizados y reservados para:

FUTURE HORIZONS

817·277·0727 | Fax: 817·277·2270
www.FHautism.com | info@FHautism.com

ISBN: 9781957984155

DEDICATORIA

Deseo darles las gracias a mi familia y amigos
por todo su apoyo en este libro.

Hola de nuevo, yo soy Bobby y ya conocen a mi hermana, Mandee. Normalmente les estamos ayudando a estar seguros ante desconocidos. Pero este libro es diferente: este peligro puede no venir de un desconocido, pero normalmente pasa con alguien que conoces bien.

Hoy vamos a hablar de
TACTOS BUENOS y **TACTOS MALOS.**

Si es un desconocido o alguien que conoces bien, las reglas para estar seguros son siempre las mismas:

¡DI NO! ¡VETE CORRIENDO! Y ¡BUSCA UN AMIGO O AMIGA ADULTA PARA CONTÁRSELO!

Ahora vamos a empezar por explicar
TACTOS BUENOS.

TACTOS BUENOS son:
Un abrazo, besos, una palmada en el hombro, una
palmadita en la cabeza, darse la mano o un ARRIBA los 5.
Estos son todos **TACTOS BUENOS.**

Ahora vamos a comentar **TACTOS MALOS**.
Un **TACTO MALO** te hace sentir raro en el cuerpo.
Un **TACTO MALO** te puede hacer daño.

Aquí indicamos unos TACTOS MALOS:
golpear, dar tortazos, dar puños, patear,
morder, pellizcar, empujar, agarrar, halar,
rasguñar, tropezar, y estrangular.

Siempre tienes el derecho de estar seguro o segura y si cualquiera de estas cosas te pasa a ti, no importa quién sea la persona que te lo haga: *¡DI NO! ¡VETE CORRIENDO! Y ¡BUSCA UN AMIGO O AMIGA ADULTA PARA CONTÁRSELO!*

Si la primera persona adulta no te cree,
no dejes de contar lo que te está pasando.
¡Cuéntalo hasta que alguien te crea!

Hay adultos a los que siempre puedes contarles
si un TACTO MALO te está pasando a ti. Son: Tu
maestro o maestra, consejero o consejera, director
o directora de tu colegio, enfermera del colegio,
secretaria del colegio, tu médico o un policía.

Ahora, hay un **TACTO MALO** que tenemos que comentar. Esto es el tacto de las zonas de tus partes privadas.

La razón por la que se llaman **PARTES PRIVADAS**
es porque sólo te pertenecen a ti.

Tu traje de baño cubre la zona que es **PRIVADA**
sólo para ti.

Un médico puede tener que examinar sus áreas
privadas cuando te esté haciendo una consulta física
para asegurarse que estás sano o sana.

Si alguna vez te haces daño, mamá o papá puede
que tenga que ayudarte a bañarte. Pero si no es así
nadie debería estar tocando tus partes privadas.

Si esto te ocurre a ti o a algún amigo o amiga tuya, tienes que contárselo a un adulto en que confías. *¡Esto no es culpa tuya! ¡La persona que te toca está haciendo cosas malas!*

La persona que te está tocando puede ser alguien que vive contigo o un amigo o amiga de la familia.

Si alguien te está tocando de una manera que te hace sentir incómodo o incómoda, **también te dirá cosas que no son verdaderas.**

Puede que diga algo así como:
"¡Si lo cuentas, tu mamá ya no te querrá! O. "¡Tú y yo
tenemos un gran secreto que guardar!

"Si lo cuentas, yo lo voy a saber" y "¡La gente
se enojará contigo!" Otra cosa puede ser:
"¡Si lo cuentas, le haré daño a tu perro!"

¡No te creas nada de lo que te puedan decir!
Estos son TRUCOS MALOS para que no lo cuentes.

¡TU Y YO TENEMOS UN GRAN SECRETO QUE GUARDAR!

La única razón porque dicen estas cosas es para que no les pase nada a ellos. Recuerda, *¡Tú no has hecho nada malo!* **Ellos son los que van a tener un problema, ¡TÚ NO!**

Tú y tus amigos tienen el derecho a estar
seguros. No estás teniendo seguridad si alguien
te está tocando de una manera que está mal o
que te hace sentir incómodo o incómoda.

Si tú o alguno de tus amigos están siendo tocados
o dañado de alguna manera,

*¡DI NO! ¡VETE CORRIENDO! Y ¡BUSCA UN AMIGO O
AMIGA ADULTA A QUIÉN CONTÁRSELO!*

Mandee y yo esperamos que hayas aprendido sobre
TACTOS BUENOS y **TACTOS MALOS** al leer nuestro libro.

El Examen de Tactos de Bobby y Mandee

1. Nombra unos "TACTOS BUENOS" (respuesta en página 3)

   _____

   _____

2. Nombra unos "TACTOS MALOS" (respuesta en página 4)

   _____

   _____

3. Si alguien te toca de una manera mala, ¿qué debes hacer?
   (respuesta en páginas 5-6)

   _____

   _____

4. ¿Por qué se llaman "PARTES PRIVADAS"? (respuesta en página 8)

   _____

   _____

5. ¿Qué tapa un traje de baño? (respuesta en página 9)

   _____

   _____

6. Si alguien toca tus partes privadas, ¿qué debes hacer? (respuesta
   en página 11)

   _____

   _____

7. ¿Quiénes son adultos en los que confiar para hablar si alguien te
   hace un TACTO MALO? (respuesta en página 6)

   _____

   _____

8. ¿Es culpa tuya si te tocan en tus partes privadas? (respuesta en página 11)

_____

_____

9. ¿Qué debes hacer si alguien toca tus partes privadas y te dice: "Tenemos un gran secreto que guardar? La gente ya no nos va a querer si se enteran, así que no se lo vamos a contar a nadie". (respuesta en página 14)

_____

_____

10. ¿Por qué te están contando esa clase de cuento? (respuesta en página 15)

_____

11. Todos los niños tienen el derecho a estar _____. (respuesta en página 15)

12. Si una persona te hace esto, ¿crees que sólo te lo hacen a ti y no a otros niños? (Esta es una pregunta para que el niño la medite)

_____

_____

Secretos y Sorpresas—
¡Hay una gran diferencia!

En la página 13, hablamos sobre como los adultos te pueden pedir que guardes un secreto, y eso seguramente no es nada bueno. Pero un adulto te puede pedir que guardes una información para que sea una sorpresa. ¿Sabes cuál es la diferencia entre un secreto y una sorpresa?

Una **SORPRESA** es algo que SÍ vas a contarle a alguien pronto, y debe ser una buena sorpresa. Como un regalo de cumpleaños o una fiesta sorpresa. Estás guardando información para que alguien no la sepa por una BUENA razón y durante poco tiempo, esperando que se alegren cuando se enteren.

Un **SECRETO** es algo que alguien te pide que NUNCA le cuentes a nadie. Si un adulto te pide que guardes una sorpresa durante un tiempo, seguramente es una cosa buena. Pero si un adulto te pide que guardes un SECRETO, puede que estén intentando ocultar algo malo que han hecho. Deberías contárselo a alguien en quien confías.

¿Puedes enumerar algunas sorpresas? ¿Cosas que se deben guardar un poco de tiempo?

_____

_____

_____

_____

_____

_____

_____

_____

_____

_____

911 Consejos para Padres

1. Enséñales a tus hijos como marcar el 911. Una llamada al 911 siempre debe ser una petición de ayuda. Puedes marcar el 911 desde la pantalla del celular de cualquier. En la pantalla de clave, tienes que poner **Emergencia**.

¿Tus hijos saben cuándo llamar al 911?

- Si hay alguien herido o enfermo.
- Si hay humo o llamas en la casa.
- Si están solos en casa y alguien está intentando entrar.
- Si un desconocido les sigue a casa después del colegio.
- Si son testigos de un accidente de tráfico.
- Si ven a alguien siendo herido por otra persona.
- Si durante una tormenta, ven un poste de la luz u otro objecto golpeado por un relámpago.

¿Tus hijos saben cuándo NO se llama al 911?

- ¡Nunca llames al 911 en broma!
- Nunca llames al 911 sólo para pedir información.
- ¡Nunca llames al 911 sólo para ver si funciona!

2. Asegúrate de recalcar los dos puntos siguientes con tu hijo o hija:

- NUNCA te subas a un carro con alguien a menos que tus padres sepan que vas con esa persona.

- SIEMPRE debes decirles a tus padres a dónde vas.

Otra información importante:

Los niños deben saber su dirección completa, su número de teléfono y el tipo de ayuda de emergencia que necesitan.

- Dirección _____
- Teléfono _____
- Policía _____
- Bomberos _____
- Médico _____

Mi lista de adultos seguros a quién llamar

NOMBRE   TELÉFONO

_____   _____

_____   _____

_____   _____

_____   _____

_____   _____

_____   _____

_____   _____

_____   _____

¡Coloréanos!

LE GUSTARÍA TAMBIÉN

GENTE ESPECIAL, NECESIDADES ESPECIALES

Por Arlene Maguire

Ilustrado por Sheila Bailey

Ayudamos cuando podemos
Si alguien necesita ayuda;
El intercambiar trae cosas maravillosas
Cuando se da y se recibe.

Comparte un chiste o un sueño.
Haz que alguien se sienta bien.
Necesitamos risas, abrazos,
Y que nos comprendan.

FUTURE HORIZONS

CPSIA information can be obtained
at www.ICGtesting.com
Printed in the USA
JSHW072312150323
38968JS00001B/1